跟着皇帝遊故宮

猜猜我家多少人

人物篇

段張取藝 圖／文

新雅文化事業有限公司
www.sunya.com.hk

跟着皇帝遊故宮

猜猜我家多少人（人物篇）

圖　　文：段張取藝
責任編輯：楊明慧
美術設計：劉麗萍
出　　版：新雅文化事業有限公司
　　　　　香港英皇道 499 號北角工業大廈 18 樓
　　　　　電話：（852）2138 7998
　　　　　傳真：（852）2597 4003
　　　　　網址：http://www.sunya.com.hk
　　　　　電郵：marketing@sunya.com.hk
發　　行：香港聯合書刊物流有限公司
　　　　　香港荃灣德士古道 220-248 號荃灣工業中心 16 樓
　　　　　電話：（852）2150 2100
　　　　　傳真：（852）2407 3062
　　　　　電郵：info@suplogistics.com.hk
印　　刷：中華商務彩色印刷有限公司
　　　　　香港新界大埔汀麗路 36 號
版　　次：二〇二一年五月初版
　　　　　二〇二四年一月第二次印刷

ISBN: 978-962-08-7763-6
© 2021 Sun Ya Publications (HK) Ltd.
18/F, North Point Industrial Building, 499 King's Road, Hong Kong
Published in Hong Kong SAR, China
Printed in China

小朋友，我是**清代的乾隆皇帝**。紫禁城（又稱故宮）是我的家，讓我帶你認識我身邊的人吧！

目錄

紫禁城的女主人

我家住了好多好多人，是個非常熱鬧的大家庭。我的皇后是這個大家庭的女主人。

皇帝和皇后各自有很多不同的工作要處理。
清朝皇帝和皇后都有屬於自己的宮殿。

長春宮

孝賢純皇后居住的地方。雍正皇帝給乾隆皇帝賜號「長春居士」，乾隆皇帝讓皇后住在和自己名號相同的宮殿，以表達對皇后的喜愛。

皇后，我來看你啦！

皇后
古代皇帝的妻子，負責掌管整個後宮。
乾隆皇帝的妻子特別孝順、賢能，在她
去世後，乾隆皇帝為其親定諡號（諡，
粵音試）為「孝賢」。

我的皇后和我一樣也有很多工作，籌辦祭祀典禮就是其中很重要的一項。

親蠶禮

每年三月，皇后通過舉辦親蠶禮來祭祀蠶神。皇后會親自帶領妃嬪、公主及各位官員的夫人們，一起採摘桑葉餵蠶，鼓勵百姓學習紡織，重視蠶業。

採桑時有太監鳴鼓，女官唱採桑歌，引導皇后採桑。

皇后用金鈎子採桑葉。

採摘完桑葉後，負責養蠶的蠶母會將採集到的桑葉拿去餵蠶。

除了祭祀工作外，皇后還需要處理後宮中的各種事情。

孝敬長輩
皇后要經常去給太后請安，
陪她吃飯、聊天。

管理賬簿
皇后需要管理後宮中員工的
工資和各項日常支出。

舉辦宴會
宮中大大小小的節日宴會，
都需要皇后親自安排。

大家小心，
輕拿輕放！

我的皇后
真能幹！

作為一國之母，皇后需要時刻保持端莊得體的形象。皇后每天都會護膚並化妝，保證漂漂亮亮地出現在大家面前。

皇后在梳妝枱前梳頭髮、化妝。

敷面膜

清朝的皇后和妃子們已經有敷面膜的習慣。她們將珍珠和各種名貴藥材磨成粉，調成糊狀敷在臉上。

皮膚護理

為了減少皺紋，皇后會用按摩儀「太平車」按摩臉部。

做指甲

清朝宮廷流行長指甲，皇后會在指甲上套上漂亮精緻的護甲套。

戴首飾

皇后有各種首飾，如簪子、帽花、鈿花、流蘇、耳環、手串、戒指、玉佩等。

我的皇后美麗又賢惠。那麼，皇后是怎樣選出來的呢？

長輩指婚

很多皇帝在還是皇子的時候，長輩就會幫他挑選優秀的妻子。

天賜良緣呀！

自由戀愛

成年的皇帝也可以自由戀愛，選擇自己喜歡的人。

海選

官員會定期組織大型選秀活動，為皇帝挑選才貌雙全的妃嬪。

勤奮好學的皇子們

熱鬧的大家庭少不了可愛的孩子們。我家有很多皇子，他們個個都很努力，每天凌晨三至五時就要起牀去上學。

皇子是皇帝的兒子，為了競爭成為下一任皇帝，他們都十分努力。皇子們六周歲入學，開始接受最全面、最嚴格的教育。他們需要學習十至二十年，有的皇子成家後仍需上學。

寫得真不錯！

皇子們有全國最頂尖、最博學的老師。

每位皇子都有一個陪伴他學習的同學，他們一般是重要官員家的孩子。

10

皇子一年的假期只有五天左右，即使是除夕也不能休息，還需要到學校上幾個小時學。我們放暑假和寒假的時候，皇子們可一直在上課學習呢！

讓我看看誰最認真！

你來背一下昨天的功課。

皇子們每天只有一至兩次課間休息。除吃飯、上廁所外，休息時也不能離開課室，只能向老師請教問題。

皇帝有時候會親自去檢查皇子們的功課，比如審閱他們的文章，出題考他們等，來了解他們的學習情況。

大學之道，在……在……

我的皇子們都很優秀，但只有一個可以成為下一任皇帝。想要成為皇帝，就需要努力參加各種活動來表現自己。

商討政事

乾隆皇帝讓皇子一起解決西南少數民族叛亂問題，考驗他們處理政事的能力。

為了挑選出最賢能的繼承人，皇帝會給皇子們安排一些任務，通過他們的表現來進行考察。

奉旨祈雨

皇子們有時會被安排主持祭祀活動，他們需要自己去和各部門協調來完成任務。

軍隊實習

皇帝有時會派皇子們去軍隊實習，鍛煉他們的軍事能力。

不過，皇子們一般沒有固定的工作。在沒有任務的時候，他們可以發展自己的興趣愛好。

揮毫潑墨

乾隆皇帝的十一皇子永瑆是清代四大書法家之一，乾隆皇帝經常跑到永瑆的府裏欣賞他的作品。

飲酒賦詩

皇子們會邀請朋友、老師一起喝酒寫詩，很多皇子都出版過自己的詩集。

遊山玩水

因為不用參政，皇子們有很多時間遊山玩水，比如去郊外打獵。不過沒有皇帝的允許，他們不能離開北京。

今天收穫不少！

備受寵愛的小公主們

我家還有很多可愛的小公主，她們備受寵愛，是我的小甜心。

公主是皇帝的女兒。一般皇后的女兒叫固倫公主，妃嬪的女兒叫和碩公主。

三公主
固倫和敬公主

四公主
和碩和嘉公主

七公主
固倫和靜公主

十公主
固倫和孝公主

一對一教學
公主不用像皇子那樣早起去學校上學，她們通常是請識字的女官進行一對一教學。

手工課
公主們有刺繡、編織、剪花等各式各樣的手工課。

藝術課
公主們可以學習彈琴、下棋、書法和畫畫等才藝。

寵物樂園

公主們都很喜歡寵物,所以紫禁城裏養了梅花鹿、丹頂鶴、貓、狗、鸚鵡等動物。

騎馬打獵

有時,公主們還可以穿上男裝,和父親一起去郊外騎馬打獵。

零花錢

不論公主們多大年紀,皇帝都會給她們發放零花錢。公主們出宮生活後,吃穿費用也還是由皇家支付。

公主府

公主成婚後,一般皇帝會專門賞賜府邸,稱為「公主府」。

作為皇帝的女兒，公主們有時也需要承擔家國責任。

公主和親

皇帝有時會將公主嫁給其他少數民族或外邦，來促進民族之間的和平與團結。

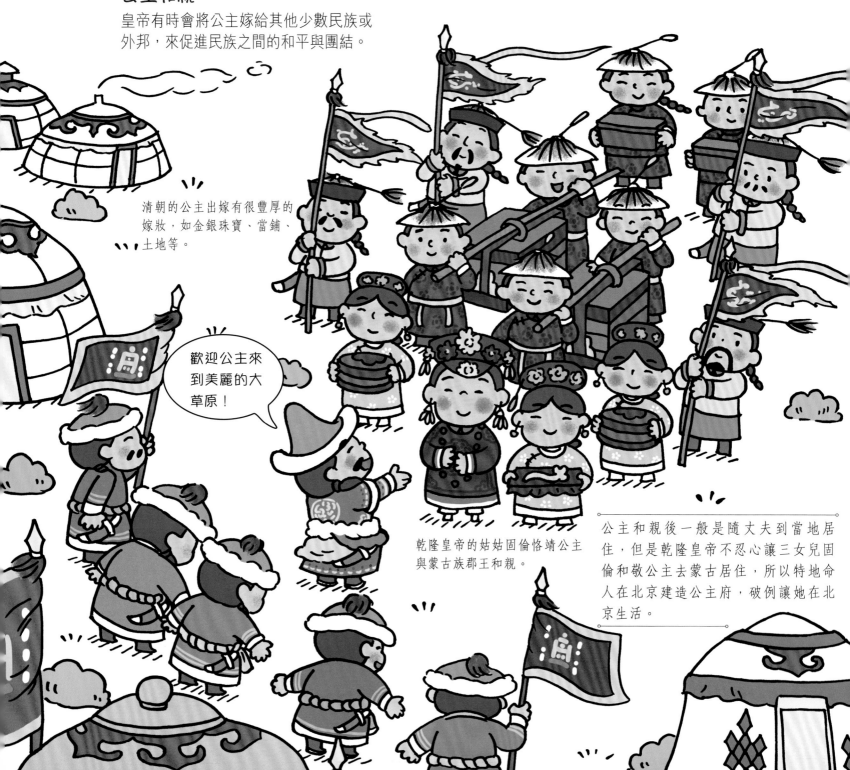

清朝的公主出嫁有很豐厚的嫁妝，如金銀珠寶、當鋪、土地等。

歡迎公主來到美麗的大草原！

乾隆皇帝的姑姑固倫恪靖公主與蒙古族郡王和親。

公主和親後一般是隨丈夫到當地居住，但是乾隆皇帝不忍心讓三女兒固倫和敬公主去蒙古居住，所以特地命人在北京建造公主府，破例讓她在北京生活。

我的姑姑可厲害了，她幫助管理蒙古，促進了當地發展。

鞏固政權

固倫恪靖公主參與蒙古族的政事，替皇帝監國。自從她和親後，當地各部落都非常和平安定。

制定法規

固倫恪靖公主在皇帝的支持下，為當地制定了法律法規，維護了社會穩定。

發展農業

固倫恪靖公主帶領當地人開墾荒地，發展農業，獲得了豐收，深受當地百姓的喜愛。

今年收成這麼好，都是托公主的福！

紫禁城最全能的員工

除了我的家人，我家還有很多很多的太監，他們包攬了紫禁城絕大部分的工作，是我家最全能的員工哦！

管理庫房

整理奏摺

採購東西

做雜務

餵養動物

打理園林

戲曲表演

御用理髮師

跑腿傳信

19

為了激勵太監努力工作，他們被分成了許多不同的等級。

敬事房是總管宮中太監升降調配的機構。太監需要努力把自己培養成全能的人，才能升職加薪。

我終於成為大總管啦！

在皇上身邊升職機會多！

我再幹一個月就可以升職啦！

敬事房大總管
等級最高的太監，領導所有太監，掌管宮裏的一切事務。

副總管
負責處理御花園、御膳房等各部門所有的事務。

隨侍處首領太監
負責在皇帝身邊貼身伺候。

首領太監
負責掌管每個宮殿的大小事務。

無品級太監
負責雜役，一般工作幾年後可以升職。

太監的福利待遇還是不錯的，除了工資，他們還會得到很多獎金和獎品，退休了還能免費住進養老院。

休閒娛樂

太監實行輪流值班制，每個人一般工作半天就可以休息一天半。休息的時候他們會聚在一起鬥蟋蟀、下棋、玩紙牌等。

工資和獎金

太監不僅有基本工資，還能收到很多賞賜，有時候賞賜甚至比他們的工資還要多。此外，他們在節日及假日還會收到獎金和獎品。

退休養老

太監沒有固定的退休年齡，等他們老了，皇帝會發放退休金讓他們回老家，或者去京城的「養老院」居住。一些有錢的太監會自己在北京買一個院子養老。

勤勞的小宮女

紫禁城中還有很多勤勞的小宮女，她們一般在後宮中為妃嬪幹活。宮女的工作相對簡單，但她們有實習期，要經過訓練和考核才能被錄用。

宮女是宮廷中為妃嬪服務的女子。她們在新進宮實習時，由入宮時間長、年齡較大的資深宮女帶領學習各種技能，之後會被分配到不同的宮殿工作。

鋪牀疊被

打掃衞生

洗衣服

除了學習基礎的技能，宮女也要學會一些宮廷禮儀。

走路不能蹦蹦跳跳，不能回頭看！

學習走路

笑的時候不能出聲，不能露出牙齒！

學習微笑

作為皇宮中的服務人員，宮女和太監一樣享有不錯的待遇，而且我家的宮女只需要工作到25歲。

又有新衣服穿啦！

美容服飾

宮中每個月都會給宮女發放胭脂、水粉等化妝品。每個季節還會發放工作服，春夏的工作服是綠色的，秋冬的是紫褐色的。

工資福利

宮女的工資很不錯，逢年過節的時候還會收到妃嬪們賞賜的紅包或首飾。有時候，宮女跑腿後也會有不錯的「小費」。

多謝娘娘！

四季美食

除了每天的固定餐食，宮女在不同的季節還能吃到特色美食，如夏天吃西瓜解暑，冬天吃火鍋取暖。

定期探親

宮女只要進了皇宮，不到出宮年齡就不能回家。不過紫禁城神武門西邊有一個小口子，為了讓大家安心工作，每月初二，宮女可以在這裏和家人見面聊天，但並不是所有宮女都有這種待遇。

宮女一般只工作10年，等她們25歲之後，就可以出宮過自己的生活了。如果期間生病了，還可以提前退休。

隨侍旅遊

貼身照顧妃嬪們的宮女，還可以和妃嬪一起出宮賞玩。

皇家保鏢武藝高

我家聘請了很多「保鏢」，他們把守着皇宮中每一處重要的地方，全天候守護紫禁城的安全。

有動靜！

侍衛 是保護皇帝和皇宮安全的人。他們一部分隨時守在皇帝身邊，叫御前侍衛；另一部分被分配在紫禁城各個地方，輪流值班。

滿滿的安全感！

御前侍衛

為了體現皇家的氣派，皇帝會給侍衛發放專門的黃馬褂。穿上黃馬褂的侍衛看上去十分威武霸氣。

宮門值班的侍衛採用輪流值班的制度，每天早上七至九時統一換班。值完班的侍衛們可以去外面的食堂免費用膳，並且還能拿到值班津貼。

大家肯定想不到，除了保護皇帝及皇宮的安全，我家的侍衛還在很多重要的機構「兼職」！

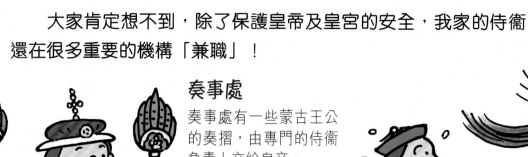

奏事處

奏事處有一些蒙古王公的奏摺，由專門的侍衛負責上交給皇帝。

上駟院

侍衛會在上駟院兼職，負責給馬評等級、御前試馬等。駟，粵音試。

武備院

侍衛在武備院管理軍用器械及馬鞍、盔甲等。

尚虞備用處

侍衛兼職管理皇帝出行所用的儀仗隊。

我的侍衛可不是一般的保鏢，他們能文能武，是我的左膀右臂。

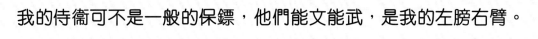

紫禁城侍衛的地位可不像一般的保鏢，他們有的是從滿旗貴族軍隊裏挑選出來的精英，有的是「武舉」中選拔出來的人才。

幹得還不錯呢！

秘密查探

侍衛是皇帝的重要「耳目」。乾隆皇帝曾經派侍衛去蒙古地區查看災情，救濟受災人員，辦理案子。

參與國事

侍衛中有很多有學問的人，比如和珅就是因為受到乾隆皇帝的賞識，從三等侍衛一路升級為朝廷重臣，參與國家大事。

必勝！必勝！

帶兵打仗

孝賢純皇后的弟弟傅恒是侍衛出身，他武藝高強，多次上戰場帶兵打仗，備受皇帝賞識。皇帝還將自己的女兒嫁給了傅恒的兒子。

家庭醫生本領大

我家有一個非常大的皇家醫院，醫院裏配備最全面的專科和最專業的醫生。

太醫是古代皇家醫院的醫生。他們和現代的醫生一樣，在不同的專科上班。不過，有一些醫術高明的太醫可以做全科醫生。

正骨科
治療骨關節疾病。

大方脈（內科）
治療成年人的疾病。

小方脈（兒科）
治療小兒疾病。

痘疹科
治療天花、濕疹等疾病。

傷寒科
治療感冒等疾病。

眼科
治療眼部疾病。

口齒科
治療口腔、牙齒疾病。

瘡瘍科
治療腫瘍、潰瘍等疾病。

針灸科
提供針灸治療。

藥材庫
收藏各種珍貴的藥材。

太醫院的太醫有的是祖傳的中醫，他們世世代代為皇家治病；有的是全國各地有資歷的江湖醫生，他們被聘請到太醫院工作。另外，太醫院還有專門的教習廳，教授、培養醫護人才。

在紫禁城看病是很方便的事情，我的家人生病的時候不用去醫院掛號，太醫會提供上門服務。

請脈

如果不小心生病了，可以派人去太醫院「傳太醫」。太醫得到消息後，會提上藥箱、帶着助理來給人看病。

診脈

診脈的時候，為了不接觸病人的身體，太醫還會拿出隨身攜帶的帕子蓋在病人的手腕上。相傳有的太醫還會「懸絲診脈」。

把病歷本拿來！

開藥方

太醫會根據病人的情況，以及之前的患病記錄為病人開藥方。

熬藥

太醫會和太監一起熬藥。熬好的藥需要分成兩份，一份先給太醫和太監試嘗，如果沒有問題，再把另一份給病人服用。

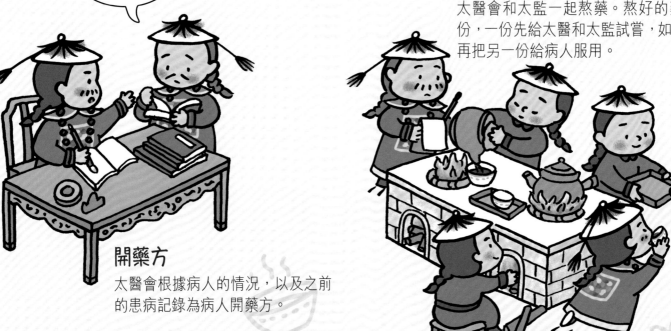

太醫除了給紫禁城的人看病，偶爾也會「出差」。

出診官員

太醫一般只負責治療皇宮中的人，不過皇帝為了表現對官員的關心，有時也會讓太醫去給宮外的官員看病。

聽說張大人身體不適，你去他府裏看看！

軍事醫療

遇上打仗，太醫院也要派太醫隨軍隊出征，在軍醫局裏治療受傷的士兵。

科舉醫護

科舉考試時，偶爾會有考生不小心受傷或因體力不支而暈倒，為了防止發生意外，太醫需要去考場提供醫護幫助。

太醫除了治病，還充當大家的健康顧問，不僅定期給大家「體檢」，有時候還教大家用藥材製作養生糕點。

我家到底住了多少人？

我家很大也很熱鬧，我的家人和員工們都住在紫禁城，那麼我家到底住了多少人呢？

太監約 2,500 人，宮女約 400 人

侍衛約 570 人

太醫約 92 人，廚師約 340 人

我家住了將近 4,000 人哦！

太后、皇后和妃嬪共 43 人

皇子 17 人，公主 10 人

清朝皇帝有幾位

努爾哈赤
清王朝的奠基人。努爾哈赤用兵如神，勇猛善戰。

康熙皇帝
清朝最偉大的皇帝之一。康熙皇帝工作了61年，收復台灣，平定叛亂。他是唯一一個學習數學和天文學的皇帝，還親自主持繪製國家地圖。

乾隆皇帝
最長壽的皇帝，活到89歲。乾隆皇帝是寫詩最多的皇帝，一共寫了四萬多首詩。

崇德皇帝
即皇太極。他在瀋陽稱帝，並建立清朝。

順治皇帝
第一位住進紫禁城的清朝皇帝。順治皇帝統一了中原，但因為患天花，24歲便英年早逝。

雍正皇帝
清朝最勤勞的皇帝。雍正皇帝做事嚴謹細緻，據說他非常喜歡狗，曾親自訂製狗窩和狗衣服，還給狗狗們起名、畫像。